En la época de...

Franklin D. Roosevelt y la Gran Depresión

Heinemann Library
Chicago, Illinois

© 2008 Heinemann Library
a division of Reed Elsevier Inc.
Chicago, Illinois

Customer Service 888-454-2279

Visit our website at www.heinemannlibrary.com

Designed by Kimberly R. Miracle and Betsy Wernert.
Translation into Spanish produced by DoubleO Publishing Services
Printed in China by South China Printing.

11 10 09 08
10 9 8 7 6 5 4 3 2 1

ISBN 13: 978-1-4329-0589-7 (hb)   978-1-4329-0597-2 (pb)
ISBN 10: 1-4329-0589-9 (hb)   1-4329-0597-X (pb)

Library of Congress Cataloging-in-Publication Data
DeGezelle, Terri, 1955-
   [Franklin D. Roosevelt and the Great Depression. Spanish]
   Franklin D. Roosevelt y la Gran Depresión / [Terri DeGezelle].
      p. cm.
   ISBN-13: 978-1-4329-0589-7 (hb)
   ISBN-13: 978-1-4329-0597-2 (pb)
  1. Roosevelt, Franklin D. (Franklin Delano), 1882-1945--Juvenile literature. 2. Presidents--United States--Biography--Juvenile literature. 3. Depressions--1929--United States--Juvenile literature. 4. United States--Economic conditions--1918-1945--Juvenile literature. 5. New Deal, 1932-1939--Juvenile literature. I. Title.
   E806.D42818 2008
   973.917092--dc22
   [B]
                                                 2007040243

Acknowledgments
The author and publishers are grateful to the following for permission to reproduce copyright material: **p. 4** Corbis, **p. 5** Corbis/Bettmann, **p. 6** Corbis, **p. 7** Corbis/Bettmann, **p. 8** Corbis/Bettmann, **p. 9** Corbis/Bettmann, **p. 10** Corbis/Bettmann, **p. 11** Corbis, **p. 13** Corbis, **p. 14** Corbis/Hulton-Deutsch Collection, **p. 15** Corbis/Bettmann, **p. 16** Corbis/Bettmann, **p. 17** Corbis/Lester Lefkowitz, **p. 18** Corbis/Hulton-Deutsch Colleciton, **p. 19** Corbis Sygma/Bettmann, **p. 20** Corbis/Bettmann, **p. 21** Corbis/Bettmann, **p. 22** Corbis/Bettmann, **p. 23** Corbis, **p. 24** Library of Congress, **p. 25** Library of Congress/Chase-Statler, Washington, **p. 26** Corbis, **p. 27** Corbis/Bettmann.

Map illustration on page 12 by Mapping Specialists, Ltd.

Cover photograph of Franklin Delano Roosevelt reproduced with permission of the Library of Congress. Cover photograph of Salvation Army relief workers at a soup kitchen during the Great Depression reproduced with permission of Empics/AP.

The author dedicates this book to Richard Longenecker.

Every effort has been made to contact copyright holders of any material reproduced in this book. Any omissions will be rectified in subsequent printings if notice is given to the publisher.

Contenido

Algunas palabras aparecen en negrita, **como éstas**.
Puedes averiguar su significado consultando el glosario.

Conoce a Franklin D. Roosevelt

Franklin Delano Roosevelt nació el 30 de enero de 1882.
Era hijo único y creció en Hyde Park, Nueva York. Franklin D.
Roosevelt se casó con Eleanor Roosevelt y tuvieron seis hijos.

Franklin D. Roosevelt padecía de **polio,** una enfermedad que le dificultaba caminar.

En 1933, Roosevelt fue elegido 32° presidente de los Estados Unidos. Fue presidente durante 12 años, más que ningún otro presidente. Llegó a la presidencia durante la **Gran Depresión**, época en que la vida era muy dura para mucha gente.

Franklin D. Roosevelt fue presidente de 1933 a 1945.

Un país en crecimiento

En la década de 1920, los Estados Unidos eran un país en crecimiento. Mucha gente tenía trabajo y bastante dinero. En las tiendas se vendían nuevos **inventos**. Los granjeros compraban maquinaria agrícola más grande y eficiente para cultivar más tierras.

En la década de 1920, los granjeros cultivaban suficiente alimento para todos.

La gente tenía dinero para comprar automóviles.

Las familias comenzaron a comprar automóviles. Los obreros construían nuevas carreteras y autopistas. Algunas familias tomaron vacaciones por primera vez en la vida. Todo el mundo estaba entusiasmado con el futuro, pero, de repente, todo terminó.

El Martes Negro

En la década de 1920, muchas personas ponían su dinero en la **bolsa**. La bolsa es un lugar donde la gente compra y vende **acciones**. Las acciones son partes de una compañía. El 29 de octubre de 1929, algo pasó en la bolsa.

La gente que había puesto su dinero en la bolsa tuvo entonces grandes problemas.

Mucha gente quería vender todas sus acciones, pero nadie quería comprarlas. Esto provocó un **desplome** de la bolsa. Mucha gente perdió todo su dinero. El 29 de octubre de 1929 se conoce como el Martes Negro, ya que fue un día muy malo para mucha gente.

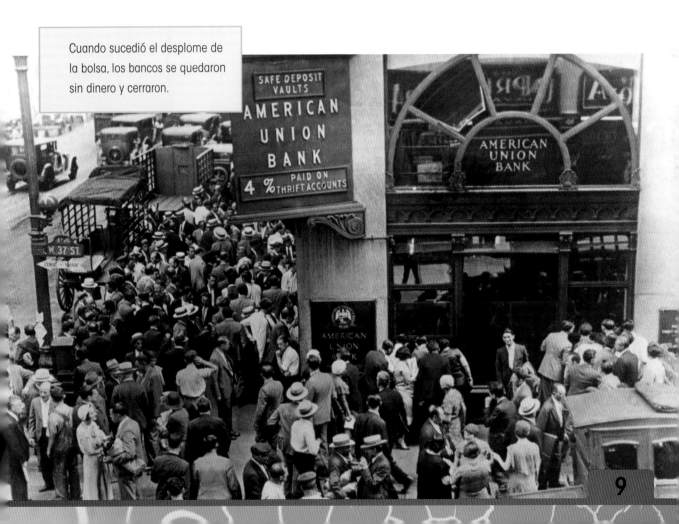

Cuando sucedió el desplome de la bolsa, los bancos se quedaron sin dinero y cerraron.

La Gran Depresión

La **Gran Depresión** comenzó con el **desplome** de la bolsa, en 1929. Muchas personas perdieron sus empleos. Las familias no tenían dinero para pagar las cuentas o comprar comida. Los granjeros no tenían dinero para comprar maquinaria agrícola.

Muchas personas hacían largas colas para obtener comida gratis.

Algunos niños no podían ir a la escuela. Trabajaban para ayudar a sus familias a ganar dinero. Algunas familias no tenían zapatos ni ropa de abrigo para el invierno. La gente no tenía dinero para pagarle al médico ni para otras cosas importantes.

Durante la Gran Depresión, los niños tenían muy pocos juegos y juguetes con que entretenerse.

Todo cubierto por el polvo

Este mapa muestra el área conocida como la "Cuenca de polvo".

Llovió muy poco en la década de 1930. El terreno se secó y se convirtió en polvo. Los vientos soplaron el polvo por las **Grandes Llanuras**. Debido a tanto polvo, la gente le llamó **Cuenca de polvo** a las Grandes Llanuras.

El polvo cubría todo a su paso, incluso las casas.

Sin la lluvia, los granjeros no podían hacer que crecieran sus **cultivos**. Sin cultivos que vender, los granjeros no podían comprar alimentos ni ropa. Sin personas que fueran a comprar, los dueños de las tiendas tuvieron que cerrar. Mucha gente tuvo que empacar y marcharse.

El Nuevo Trato

En 1933, Franklin D. Roosevelt fue elegido presidente de los Estados Unidos. Quería ayudar a sus habitantes. Sabía que la gente necesitaba un hogar y un trabajo. En sus primeros 100 días de mandato, Roosevelt puso en marcha los **programas** de su Nuevo Trato.

Franklin D. Roosevelt tenía un plan para ayudar a la gente de los Estados Unidos.

Franklin D. Roosevelt fue el primer presidente que utilizó la radio para hablarles a los estadounidenses.

El Nuevo Trato era un grupo de programas para ayudar a los Estados Unidos. El presidente Roosevelt usó la radio para explicar sus ideas a los estadounidenses. La gente se sentía esperanzada cuando escuchaba a Roosevelt exponer los programas del Nuevo Trato.

Trabajos para muchos

Los programas del Nuevo Trato dieron trabajo a mucha gente.

Durante la **Gran Depresión**, muchas personas perdieron sus empleos. El Nuevo Trato les ayudó a conseguir nuevos trabajos. A los trabajadores se les pagaba por el trabajo que hacían. Con esta paga, podían comprar ropa y alimentos.

La represa Hoover era uno de los proyectos del Nuevo Trato.

Mucha gente se puso a trabajar con los **programas** del Nuevo Trato. Algunos trabajadores construyeron nuevas carreteras, hospitales y parques estatales. Otros trabajadores plantaron semillas en los campos para ayudar a los granjeros a cultivar alimentos.

Ataque a Pearl Harbor

En 1939, la mayor parte del mundo estaba luchando en una guerra llamada Segunda Guerra Mundial. Más de 70 países estaban en guerra. Los Estados Unidos no estaban en guerra. En Pearl Harbor, Hawai, los Estados Unidos tenían soldados y buques.

Muchos soldados estaban luchando en una guerra enorme lejos de los Estados Unidos.

Muchos barcos y aviones fueron destruidos en el ataque de Pearl Harbor.

En la mañana del 7 de diciembre de 1941, Japón **bombardeó** Pearl Harbor. La gente oyó los aviones japoneses sobrevolándoles. Pearl Harbor estaba siendo **atacado**. Muchos soldados americanos murieron en el ataque.

Los Estados Unidos entran en guerra

El presidente Roosevelt se enteró de que **bombardearon** Pearl Harbor. Comenzó a hacer planes para la guerra. Dio un discurso en el que explicaba a los estadounidenses que el país iba a entrar en guerra. El 8 de diciembre de 1941, los Estados Unidos le **declararon** la guerra a Japón.

El presidente Roosevelt llevaba una banda negra como expresión de su tristeza por las muertes de los soldados estadounidenses en Pearl Harbor.

Después del discurso de Roosevelt, muchos hombres dejaron sus empleos para unirse al **ejército**. Hacían largas colas para unirse al ejército. El país necesitaba prepararse para la guerra. Los soldados necesitaban aviones, barcos y tanques para luchar en la guerra.

Mucha gente se alistó para luchar en la guerra.

Todos trabajan juntos

Durante la guerra, no había trabajo que fuera demasiado duro para las mujeres obreras.

Antes de la guerra, la mayoría de las mujeres se quedaba en el hogar, cuidando de los hijos. Cuando los hombres se fueron a la guerra, las mujeres ocuparon sus empleos fuera de la casa. Había que construir **equipos** para los soldados. Las mujeres construyeron aviones, barcos y armas.

La gente hacía largas colas para obtener los cupones de racionamiento.

En 1942, Franklin D. Roosevelt les dijo a los estadounidenses que la gasolina, el azúcar y las llantas tenían que ser **racionadas**. Con el racionamiento se daba un poquito a cada persona. Cada persona obtenía la misma cantidad. El racionamiento garantizaba que los soldados tuvieran todo lo que necesitaban para luchar en la guerra.

Muere el presidente Roosevelt

El 12 de abril de 1945, Franklin D. Roosevelt estaba de vacaciones en Warm Springs, Georgia. Un pintor estaba haciéndole un retrato cuando Roosevelt dijo que no se sentía muy bien. Murió esa misma tarde.

Miles de estadounidenses se reunieron para rendir honores a Franklin D. Roosevelt.

Harry S. Truman fue presidente de 1945 a 1953.

Los estadounidenses acababan de perder a un buen amigo. El vicepresidente Harry S. Truman se convirtió en el 33° presidente de los Estados Unidos. El presidente Truman era el nuevo líder de un país en guerra. Tuvo que tomar decisiones difíciles.

El final de la guerra

El 14 de agosto de 1945, los países acordaron terminar la guerra. Habían muerto muchas personas. Ahora que la Segunda Guerra Mundial había acabado, había paz en el mundo. Los soldados volvieron a casa, con sus familias.

El presidente Truman anunció a los periodistas que la guerra había terminado.

La **Gran Depresión** terminó cuando comenzó la guerra. La gente tenía nuevos empleos fabricando suministros para la guerra. La gente tenía dinero para comprar alimentos y pagar sus facturas. La Gran Depresión había acabado.

Los estadounidenses celebraron el fin de la Segunda Guerra Mundial.

La vida en aquella época

Si hubieras vivido en la época de Franklin D. Roosevelt…

- De niño, sólo habrías conocido a un presidente, ya que Franklin D. Roosevelt fue presidente durante 12 años.

- Habrías aprendido que los Estados Unidos son sólo 48 estados. Alaska y Hawai se convirtieron en estados en 1959.

- Tu madre te habría cosido tu ropa con una máquina de coser.

- Te habrías sentado a escuchar la radio con tu familia después de cenar.

- Tal vez habrías recibido un *Slinky* como regalo. Richard James inventó el *Slinky* en 1943.

Línea cronológica

1882   Nace Franklin D. Roosevelt.

1929   Se desploma la **bolsa**. Comienza la **Gran Depresión**.

Década de 1930   Se comienza a formar la **Cuenca de polvo** en las **Grandes Llanuras**.

1933   Franklin D. Roosevelt es elegido 32º presidente. Explica el Nuevo Trato a los estadounidenses.

1939   Comienza la Segunda Guerra Mundial.

1941   7 de diciembre: Pearl Harbor, en Hawai, es **bombardeado**.

                          8 de diciembre: Los Estados Unidos entran en guerra.

1942   El presidente Roosevelt les dice a los estadounidenses que se tiene que **racionar** la gasolina, el azúcar y las llantas.

1945   12 de abril: Muere Franklin D. Roosevelt.

                          12 de abril: Harry S. Truman es el 33º presidente.

                          14 de agosto: Termina la Segunda Guerra Mundial.

Recursos adicionales

Libros

Ford, Carin T. *Franklin D. Roosevelt: The 32nd President.* Berkeley Heights: NJ, 2006.

Isaacs, Sally Senzell. *Life in the Dust Bowl.* Chicago: Heinemann Library, 2002.

Mara, Wil. *Franklin D. Roosevelt.* New York: Children's Press, 2004.

Schaefer, Ted and Lola Schaefer. *The Franklin Delano Roosevelt Memorial.* Chicago: Heinemann Library, 2006.

Sitios web en inglés

Franklin D. Roosevelt Presidential Library and Museum

http://www.fdrlibrary.marist.edu/educat33.html

Library of Congress – Depression and WWII

http://www.americaslibrary.gov/cgi-bin/page.cgi/jb/wwii

White House Kids – Meet the Presidents

http://www.whitehouse.gov/kids/presidents/franklindroosevelt.html

Glosario

acción parte de una compañía que se puede comprar

atacar intentar hacer daño a alguien luchando

bolsa lugar donde la gente compra y vende acciones

bombardear hacer estallar algo

Cuenca de polvo época en que hubo pocas lluvias. El terreno de las Grandes Llanuras se transformó en polvo y los granjeros no pudieron cultivar nada.

cultivo planta que los granjeros siembran y cosechan como alimento o para otros usos

declarar anunciar algo

desplomar caer, colapsar

ejército grupo de soldados y de equipos. En los Estados Unidos, el ejército incluye la Infantería, la Marina, las Fuerzas Aéreas, los Marines y la Guardia Costera.

equipamiento herramientas y maquinaria, como las que necesitan los soldados

Gran Depresión (1929–1939) tiempos difíciles en la historia de los Estados Unidos, en los que mucha gente no tenía empleo ni dinero

Grandes Llanuras área de tierra en el medio de los Estados Unidos

invento algo nuevo y útil que no existía anteriormente

polio enfermedad que debilita los músculos. Hoy en día, hay medicamentos para tratar la polio.

programa plan para hacer algo

racionar dar la misma cantidad de algo a cada persona

Índice